Een samenspraak tussen Kruisiging en Holocaust

Rick Wienecke

Bijbelteksten komen voornamelijk uit de Herziene Statenvertaling (HSV). De in 2010 verschenen Herziene Statenvertaling is een herziening van de Statenvertaling uit 1637.

Bijdragen aan deze studie: Pam Jarvis, Geoff Barnard and Mike Jarvis
Nederlandse vertaling: Rens Reedeker, Petra van der Zande, Tineke Nennie

Eerste Engelse kleureneditie: 2014
Herziene Engelse zwart-wit editie: 2015
Foto's: © 2011 Mike Jarvis & © 2014 Petra van der Zande

ISBN 978-965-7542-44-6

Dit boek kan besteld worden via:
www.castingseeds.com
castingseeds@gmail.com
www.lulu.com

Een Tsur Tsina Productie

Druk: PRINTIV, Jerusalem, Israël

Wat is een contemplatieve dialoog?

Een contemplatieve dialoog is een manier om samen te bidden rond de Heilige Schrift. Het is leren luisteren, zowel naar Gods Woord als naar elkaar. Deze dialoog bestaat uit verschillende 'rondes' die geleid worden door een gespreksleider. Tijdens het gesprek is er ruimte voor open *sharing* en discussie, zonder dat een bepaald resultaat bereikt wordt.

INHOUDSOPGAVE

Inleiding

Hoe kwam het zover? Waar begint een gebed?
Gebeurt dat op hetzelfde moment dat tranen beginnen te vloeien of is het
er altijd geweest, wachtend op het juiste moment om zichzelf te kunnen
uitdrukken?
Ik noem het een 'plotseling' - als Gods timing en Zijn wil elkaar kruisen.

God begon me in 2001 iets te laten zien met een aantal emotionele
belevenissen, waarvan ik wist dat zij alleen bij Hem vandaan konden komen.
Deze gezamenlijke 'plotselingen' vestigden mijn aandacht op een vraag:
"Zouden de Holocaust en de Kruisiging iets gemeenschappelijks kunnen
hebben? Zou er begrip kunnen bestaan tussen deze twee persoonlijkheden
door hun gezamenlijke lijden?"
De kerkgeschiedenis hield deze gebeurtenissen altijd gescheiden, maar zou
door middel van kunst een 'Dialoog van lijden' gecreëerd kunnen worden
die de twee met elkaar verbond?
Het Idee maakte me heel erg bang. De plaatsen en de persoonlijkheden van
de Holocaust en de Kruisiging leken onbenaderbaar. Bijna een jaar lang
discussieerde ik met God over mijn aandeel in dit Idee.

Mijn laatste argument was: "Hoe zou ik een gedenkteken kunnen maken
voor de zes miljoen die omkwamen in de Holocaust als ik er zelf geen
herinnering aan heb?"
Ik ben niet Joods, dus heb ik in mijn eigen familie geen herinneringsbron om
uit te putten. Ik ben in Canada geboren, niet in Europa, dus heb ik zelfs geen
geografische herinnering van waaruit ik kan creëren. Ik dacht dat dit een
goed argument was en tijdelijk overtuigde ik mijzelf ervan dat ik het niet
kon uitvoeren.

Plotseling was het alsof de Heer tegen me zei: "Maar ik wel! Ik herinner Mij
iedere man, elke vrouw, elk kind, elke spoorwegwagon, elk kamp, elke kuil,
elke schreeuw uit iedere gaskamer.... Ik heb overal herinneringen aan. Jij
kunt vanuit mijn herinneringen creëren, niet uit die van jou."

En zo begon het gebed....

Waarom een samenspraak, of een contemplatieve dialoog tussen de Kruisiging en de Holocaust?

Een mens die in zijn lijden begrepen wil worden maakt zichzelf daardoor kwetsbaar. Hij moet de gelegenheid pakken om te spreken in de hoop dat de andere partij wil luisteren, begrijpen, en zich op de een of andere manier met zijn pijn begint te identificeren. Dan kan de pijn en het lijden mogelijk gehoord worden en er een nuttige dialoog op gang komen.

Dit lespakket bestudeert de persoonlijkheden van de Holocaust en de Kruisiging, de zeven woorden en de vaak onuitgesproken woorden van de Holocaust. We kijken naar de visuele kant van het kunstwerk en stellen uiteindelijk de vragen: "Hoe is het hart van de Vader betrokken bij deze twee? Waarom zijn Zijn tranen en herinneringen zo sterk aan deze beide zones verbonden?"

Het lespakket is *absoluut geen* intellectuele oefening om de plaats van het lijden tussen deze twee persoonlijkheden in te kaderen. Je moet bereid zijn te accepteren dat er geen antwoorden zijn op bepaalde vragen en *in de vragen* God de Vader toelaten om Zijn tranen te delen - laag voor laag.

Waarschijnlijk zullen we het nooit volledig begrijpen.

RICHTLIJNEN

Het lespakket kan behandeld worden in een serie bijeenkomsten van anderhalf tot twee uur.

Voor de bijeenkomst zijn nodig:

1. De Bijbel, in boekvorm of online. Dit boek gebruikt voornamelijk de Herziene Statenvertaling.
2. De DVD van de *Fountain of Tears** (met Nederlandse ondertiteling)
3. Dit boek.

TIPS

a. Start de eerste bespreking met het bekijken van de gehele *Fountain of Tears* DVD*, gevolgd door een discussie over de eerste indrukken van de *Fountain of Tears*, de bedoeling ervan en de consequenties.
b. Begin iedere volgende bespreking door (opnieuw) een deel van de *Fountain of Tears* DVD te bekijken waarin het paneel dat bestudeerd wordt voorkomt.
c. Lees de doelstellingen en het commentaar in het werkboek.
d. Bespreek alle gespreksvragen.
e. Optioneel: bespreek de toegevoegde studie-aantekeningen en voer de activiteiten uit.

* De Nederlands gesproken film kan ook gedownload worden via de website.

Gethsemané – Lijden en sterven

Er is zoveel verbonden aan het woord Gethsemané. Het is een plaats van duisternis en verschrikking en van een intens gevecht tussen de wil van God en die van Jezus. Maar het is ook een tuin waar olijven worden geoogst en geperst. In Bijbelse tijden werd olijfolie gebruikt voor genezing en voor het zalven van koningen. In deze donkerste van alle nachten werd de wil om te leven verpletterd en uitgeperst om de olie van het leven te kunnen geven; Iemand vroeg Hem niet gewoon te sterven, wat wellicht de worsteling verlicht zou hebben, maar door middel van een langzame, methodisch uitgevoerde foltering, een dood die bedacht was om maximale pijn te veroorzaken gedurende de langst mogelijke tijd.

Het Gethsemané beeldhouwwerk laat een beetje zien hoe ik me voelde voordat ik de *Fountain of Tears* maakte. Het was zo'n worsteling om te beginnen aan die door God gegeven opdracht. Ik wist dat het me alles zou kosten, dat ik al mijn vrienden zou kunnen verliezen. Het was een wonder geweest dat ik als niet-Jood, het Israëlische staatsburgerschap had gekregen een teken uit de hemel, dat ik in Israël moest blijven om er deel van te worden en de taal te leren. Ik had me bij de kibboets aangesloten en gediend in het Israëlische leger. God had me liefde voor dit volk gegeven, in de relaties die er waren ontstaan, was de hand van God zichtbaar. Het was zo'n eer om deel uit te maken van dit volk. Was er een mogelijkheid dat ik dit allemaal kon verliezen?

De Holocaust was een van de gevoeligste draden die door het weefsel van dit land liep. Dit onderwerp aanraken voelde bijna als het binnentreden in zoiets heiligs, dat je dat beter kon vermijden. Het was een plaats die je benaderde met vragen maar nooit met antwoorden.
Hoe kon ik de verschrikkelijke herinneringen aan de Holocaust verbinden met de kruisiging van Jezus en Zijn laatste zeven woorden? Mijn Israëlische vrienden zouden furieus zijn dat ik, die zei hun vriend te zijn, het lef had om een dialoog te creëren tussen deze twee gebeurtenissen die elkaar alleen maar vervloekten.

"Is er een dialoog mogelijk die elkaars pijn reflecteert?" vroeg ik me af. "Is er tussen die twee een gemeenschappelijk lijden mogelijk dat een reinigende en genezende uitwerking zal hebben op al deze misverstanden en diepe haat?"
De worsteling met deze opdracht was mijn persoonlijke Gethsemané; mijn motiveringen en zelf-beschermende argumenten moesten sterven; ik moest gaan beeldhouwen.

In de wetenschap dat deze reis niet alleen maar het beeldhouwen van een groot werk was, maar een reis van gebed en voorbede, vroeg ik me af waar ik moest beginnen. Misschien met Gethsemané? In zekere zin was daar de kruisiging begonnen. Op deze plaats liet de Vader aan de Zoon zien wat er voor Hem in het verschiet lag.
In relatie tot de Holocaust, zou deze tuinscene kunnen lijken op al die nachten waarin het Joodse volk bij elkaar werd gedreven en naar gevangenissen of kampen werd gestuurd?

Voor Jezus was het de nacht van Zijn gevangenschap, toen ze Hem vastbonden en wegleidden. Verschillende stappen waren gezet tussen Zijn gevangenneming en uiteindelijke veroordeling. Na heel wat politiek gemanoeuvreer en gemanipuleer kwam de uiteindelijke oplossing: Zijn dood door kruisiging.

Het Joodse volk werd eerst gebonden aan de Neurenberger wetten en daarna opgesloten in getto's tot de SS tot de eindoplossing overging: de dood in de gaskamers - de kruisiging.

Ik boetseerde de figuur van Jezus alsof Hij uitgegoten werd over een grote steen, alsof Zijn lichaam de vorm van de steen aannam. Het middelpunt van Zijn worsteling wordt voorgesteld door de beker van lijden die Hij vasthoudt - een beker die tot de rand is gevuld. Toen de Vader aan de Zoon liet zien wat er in de beker zat, vloeide Zijn zweet gemengd met bloeddruppels over de steen. Zou Hij zelfs geweten hebben dat er een moment zou komen van totale verlatenheid door de Vader? En de Vader vroeg toen aan Zijn Zoon om van deze verschrikking te drinken voor de redding van degenen die Hem vervolgden en haatten.

In het beeldhouwwerk houdt Jezus de beker in Zijn linkerhand; Zijn arm is volledig gestrekt, zodat de beker zo ver mogelijk van Zijn mond is. De beker wordt vastgehouden door Zijn duim en wijsvinger, terwijl de andere drie de beker niet vasthouden. Dit symboliseert de verlatenheid van Jezus, de drie vingers verwijzen naar de drie keer dat Hij Zijn discipelen vroeg om met Hem te bidden maar hen slapende vond.
Drie keer bad Hij tot de Vader of de drinkbeker aan Hem voorbij kon gaan.
In die donkerste van alle nachten kwam Hij helemaal alleen tot de verschrikkelijke beslissing: "Vader, als het Uw wil is, neem deze beker van mij, maar niet mijn wil maar Uw wil geschiedde."

De kruisiging begon op het moment dat Jezus erin toestemde de lijdensbeker te drinken.

**"Vader, vergeef het hun,
want ze weten niet wat ze doen."**

Paneel 1

De eerste van de zeven kruiswoorden

"Jezus zei,
"Vader, vergeef het hun, want zij
weten niet wat ze doen."
En ze verdeelden Zijn kleren en
wierpen het lot."

Lukas 23:34

Sleutelwoord: *Vergeving*

Doelstellingen

1. Het woord 'verbond' omschrijven

2. Het begrip 'vergeving' omschrijven

3. De betekenis van een 'verbond van *vergeving*'; de reden waarom een Holocaust overlevende denkt dat *vergeving* leidt tot vergeten.

4. Hoe kunnen wij, als volgelingen van Jezus, de kruisiging omarmen als ons verbond van *vergeving,* om ons vervolgens om te draaien en de Joden de schuld te geven van Zijn dood.

Introductie van de kunstenaar: Rick Wienecke

Als ik voor *de Fountain* sta, sta ik daar als een Israëliër, een gelovige in Jezus en als kunstenaar. Het belangrijkste is mijn identiteit als gelovige in Jezus; de rest van de persoonlijke beschrijvingen komt hieruit voort. Dus dacht ik bij mezelf: *Welke van de zeven woorden sprak Jezus als eerste vanaf het kruis? Weet iemand de juiste volgorde?* Die gedachten leidden tot de volgende vraag: *Wat zou de belangrijkste voor Jezus zijn geweest? Wat zou er tijdens deze laatste momenten van Zijn leven als eerste in Zijn gedachten zijn opgekomen? Misschien: "Vader, vergeef het hun want ze weten niet wat ze doen."?*

Achtergrond

In paneel 1 is *vergeving* het sleutelwoord. Jezus pleit bij de Vader voor degenen die Hem aan het doden zijn. Hij redeneert met de Vader dat zij niet wisten wat ze deden toen ze Hem overleverden aan de Romeinen of toen de Romeinen hem aan het kruis nagelden.

Vergeving en verbond

Bij de kruisiging *vergeeft* Jezus niet alleen degenen die Hem kruisigden maar maakt Hij ook in de woorden, "Vader, vergeef het hun, want ze weten niet wat ze doen," een verbond gebaseerd op *vergeving*, dat het nieuwe verbond wordt.
Om recht te doen aan de betekenis van het woord verbond moet ik dus, als ik *vergeving* ontvang, ook vergeven. Dat is wat Jezus aan het kruis laat zien met zijn vergevingsverbond. Dat is de kern en het wezen van Zijn offer: *vergeving.*

Het dilemma van Holocaust overlevende

Als ik vergeving ontvang moet ik ook anderen vergeven. Dat is een dilemma voor de Holocaust overlevende, omdat hij het woord *"vergeving"* verbindt met het woord "vergeten". Hij kan de slachtoffers van zijn volk niet vergeten. Heeft de Holocaust overlevende een verkeerd begrip van het woord *"vergeving"*? Heeft hij een leugen omarmd?

De redenering van de Holocaust overlevende: Vergeven leidt tot vergeten

In een poging om de gedachten van een Joodse Holocaust overlevende te begrijpen, lezen we een stukje uit Elie Wiesel's boek *Night* (Nacht). Elie Wiesel overleefde Auschwitz.

> *"Voor de overlevende die kiest om te getuigen is het duidelijk: zijn plicht is om getuige te zijn voor de doden en voor de levenden. Hij heeft niet het recht om toekomstige generaties te beroven van een verleden dat tot ons collectieve geheugen behoort. Vergeten zou niet alleen gevaarlijk zijn maar ook schandelijk; de doden vergeten zou bijna gelijk zijn aan hen een tweede keer doden.... Voor de jeugd van vandaag, voor de kinderen die morgen geboren zullen worden getuigt de overlevende. Hij wil niet dat zijn verleden hun toekomst wordt."*[1]

Is de overlevende van die verschrikkingen bang dat, als we het verleden vergeten, deze onmenselijke wandaden zich zouden kunnen herhalen in toekomstige generaties? Gelooft hij/zij dat de pijn en de herinneringen zo diep zitten dat ze niet genezen kunnen worden?

Elie Wiesel zegt ook:

> *"Nooit zal ik die momenten vergeten dat mijn God en mijn ziel werden vermoord en mijn dromen in rook opgingen. Nooit zal ik die dingen vergeten, zelfs wanneer ik veroordeeld zou worden om net zo lang als God te leven. Nooit."*

[1] Elie Wiesel, *Night,* (USA: Hill & Wang, 1960), Introduction xv.

Vergeving en vervanging

Het verbaast me dat de Kerk, die Jezus als Heer erkent, Zijn gebed om *vergeving* voor degenen die Hem kruisigden zo heftig kan ontkennen. De kerkgeschiedenis heeft de Joden gebrandmerkt als moordenaars van Christus. Veel documenten tonen aan dat de kerk de Jodenvervolging leidde – alsof Jezus die eerste van de zeven zinnen nooit had uitgesproken. Waarom ontkent men het woord *vergeving*? Zou het kunnen betekenen dat, als je tegen het Joodse volk bent, het in werkelijkheid laat zien hoe weinig je Jezus kent? De vervangingstheologie vervangt niet alleen Israël door de Kerk maar vervangt ook Jezus door iemand anders. De Kerk die beweert dat iemand Christus heeft vermoord, ontkent Gethsemané. Jezus koos voor de kruisiging; Hij zei dat Hij voor dit doel was geboren: "Maar de HEERE heeft de ongerechtigheden van ons allen op Hem doen neerkomen." (Jesaja 53:6)

Met opzet werd Hij het ultieme offer, het Paaslam. Hij beeldde het profetische offer van de priesterlijke offerande uit. Hij werd een priester voor de gehele mensheid, zoals Zijn Joodse broeders de priesters zijn voor alle geslachten (Genesis 12:3). Hij maakt aan Zijn discipelen duidelijk dat Hij zou opgaan naar Jeruzalem om overgeleverd te worden aan de heidenen om gedood en begraven te worden en daarna op te staan. Zijn plan is weloverwogen: in Lukas 18: 31–33 staat, "Jezus, nam de twaalf bij Zich en zei tegen hen: Zie, wij gaan naar Jeruzalem en alles wat geschreven is door de profeten zal aan de Zoon des mensen volbracht worden. Want Hij zal aan de heidenen worden overgeleverd en bespot worden en smadelijk behandeld en bespuwd worden. En zij zullen Hem doden, nadat zij Hem gegeseld hebben en op de derde dag zal Hij weer opstaan."

Jezus zegt vanaf het kruis in Zijn gebed om *vergeving* dat Zijn moordenaars niet weten wat ze doen. Op dezelfde manier zegt Jozef in Genesis tegen zijn broers, "Jullie hebben kwaad tegen mij bedacht, maar God heeft dat ten goede gedacht." Beide groepen hadden kwade bedoelingen, maar uiteindelijk was Gods plan vervuld. Gods wil is groter dan het door mensen vastgestelde kwaad.

De Godheid van Jezus in de kruisiging

Als we zeggen dat Jezus gedood werd als resultaat van de wil van mensen, zet dat Jezus alleen als mens neer, zonder Zijn Goddelijkheid. Jezus, als de Zoon van God, had de macht en de mogelijkheid om legioenen van engelen op te roepen om Hem te redden, maar Hij koos er voor om niet te ontsnappen. Hij laat Zijn Goddelijkheid zien door zelfs voor *vergeving* te pleiten voor Zijn eigen moordenaars. Dit gebed om *vergeving* maakt een voortgaande relatie mogelijk met Zijn Joodse broeders en door het nieuwe verbond met alle mensen.

Door de Joden verantwoordelijk te stellen voor Zijn dood ontkennen mensen feitelijk Zijn verlossingsdaad van zonden. Deze leugen ontkent ook het gebed in Gethsemané, dat het de wil van de Vader was dat Hij zou sterven. De Vader veranderde Zijn wil niet, zelfs niet toen Jezus vroeg om de beker aan Hem voorbij te laten gaan.

Onze actie

Onze rol is om liefde en eer te geven aan het Joodse volk en niet om hen te veroordelen. We hebben de afgelopen 2000 jaar rijkelijk vergeving ontvangen. Als gelovigen worden we geacht de Joden jaloers te maken, niet bang en wantrouwend tegenover ons.

In Romeinen 11:11 staat: "Ik zeg dan: Zijn zij soms gestruikeld met de bedoeling dat zij vallen zouden? Volstrekt niet! Door hun val echter is de zaligheid tot de heidenen gekomen om hen tot jaloersheid te verwekken."

Samenvatting

Hoe kunnen we als volgelingen van Jezus de kruisiging omarmen als ons verbond van *vergeving*, dan om te keren en de Joden Zijn dood te verwijten? Die manier van denken zou er logischerwijze toe moeten leiden dat Jezus nooit heeft gezegd: "Vader *vergeef* hun!"

Gespreksvragen

1. Omschrijf het concept *vergeving*. Hoe beïnvloedt het verbond van vergeving jouw zienswijze op wie Jezus hebben gedood?
2. Heb je de leugen geloofd dat de Joden Jezus hebben gedood? Als dat zo is, waarom? Zijn je gedachten veranderd na het lezen van dit gedeelte? Waarom wel of waarom niet?
3. Heeft de Holocaust overlevende een verkeerd begrip van het woord *vergeving?* Probeer je Elie Wiesel's woorden in te leven in dit gedeelte. Stel jezelf voor in de plaats van de Holocaust figuur in paneel 1. Wat zeg je, terwijl je met je hoofd tegen de pilaar leunt, die jouw geliefden voorstellen die in de Holocaust zijn vermoord?
4. Hoe *vergeeft* het Holocaust slachtoffer wat hem en zijn geliefden is aangedaan? Hoe eert hij zijn volk en vergeeft hij de daders?
5. Kijk eens goed naar jouw kernwaarde ten opzichte van het Joodse volk en de kruisiging van Jezus. Zijn er plaatsen in je hart waar je *vergeving* voor de Joden hebt achtergehouden vanwege de leugen dat zij Jezus hebben gedood? Neem de tijd om hierover na te denken; luister biddend naar wat de Vader te zeggen heeft over jouw Joodse broeders en zusters.
6. Bespreek Romeinen 11:11. Wat is jouw uitleg? Hoe ziet jouw actieplan eruit om "Israël jaloers te maken"?

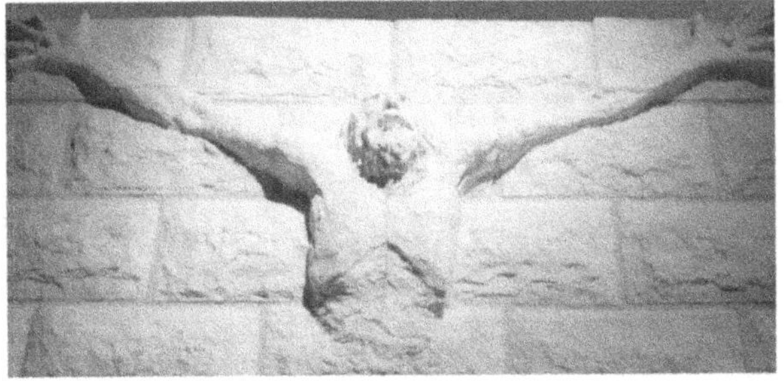

"Vandaag zul je met mij in het paradijs zijn."

Paneel 2

Tweede woord van de laatste zeven woorden van Christus

" Jezus zei tegen hem,
"Voorwaar, zeg ik u, heden zult
u met Mij in het paradijs zijn."

Lukas 23: 43

Sleutelwoord: Gedenken of herinneren

Doelstellingen

1. Vanuit het hart van de Vader en het hart van de misdadiger kijken we naar het concept *gedenken (of herinneren)*

2. Wij onderzoeken de volgende vragen: "Hoorde of *herinnerde* de Vader zich de kreten van de Holocaust?" en "Heeft Hij Zijn volk vergeten?"

3. Wij bestuderen kruisiging in relatie tot de Holocaust.

4. In relatie tot de misdadiger aan het kruis evalueren wij ons gezichtspunt op redding.

5. In Gods feesten identificeren en demonstreren wij het begrip *gedenken.*

Een pleidooi om te gedenken

Van dit woord heb ik altijd gehouden! Het werpt alle leerstellingen omver die we hebben gecreëerd om een mens in aanmerking te laten komen voor redding. De misdadiger tot wie Jezus deze woorden sprak was waarschijnlijk nooit gedoopt, besprenkeld of ondergedompeld, en hij sprak ook niet in tongen. Al deze rituelen mogen belangrijk lijken, ze zullen altijd op de tweede plaats komen als we over redding spreken.

Wat vraagt de misdadiger? Hij vraagt om *herinnert* te worden: "Heer, als U in Uw koninkrijk komt, *herinner* mij dan alstublieft." Dat is een ongelofelijk verzoek in de laatste momenten van zowel het leven van de misdadiger als van Jezus: "Alstublieft, vergeet mij niet."

Gedenken

Belangrijke Bijbelgedeelten zijn gewijd aan, en vragen zelfs dringend om te gedenken. Als voorbeeld: al Gods feesten zijn bedoeld om te *gedenken*.

Met ieder Bijbels feest *herdenken* de Joden een periode of voorval in hun geschiedenis of hun land. Tijdens Pesach (Pasen) gedenken zij de uittocht uit Egypte. Deuteronomium 5: 15 zegt: "Want u zult *gedenken* dat u slaaf geweest bent in het land Egypte en dat de HEERE, uw God, u van daar uitgeleid heeft met een sterke hand en een uitgestrekte arm. Daarom heeft de HEERE uw God u geboden de dag van de sabbat te houden."

Het Poerimfeest is de geschiedenis van Esther. Dit wordt nog steeds gevierd zoals opgedragen in Esther 9:28. "Deze dagen zullen *herdacht* en gevierd worden door elke generatie, elk gezin en in elk gewest en elke stad. Deze dagen van Purim zou men niet overslaan onder de Joden, en bij hun nageslacht mocht aan de *herdenking* daarvan geen einde komen."

Tijdens *Sjavoeot* (Wekenfeest) wordt het hele boek Ruth gelezen. En *Chanoeka* herinnert aan de herinwijding van de Heilige Tempel tijdens de opstand van de Makkabeeën in de tweede eeuw voor Christus.

Zelfs de moderne feestdagen van de staat Israël zijn ingesteld om te gedenken. De Holocaust herdenkingsdag valt samen met de opstand van het Warschaugetto. Israëls Onafhankelijkheidsdag *herinnert* aan de onafhankelijkheidsverklaring in 1948.

Zou God Zichzelf vergeten? Het enige dat Hij beloofd heeft om te vergeten zijn onze zonden. Hij wendt zich af om als Koning te oordelen, maar Hij kan dat slechts doen voor een ogenblik, omdat Hij ook Vader is en Zijn hart altijd uitgaat naar Zijn volk.

Twee weerspiegelingen van Gods hart: Koning en Vader

(Zie foto bladzijde 20) De elementen van zowel Vader en Koning worden in dit deel getoond. De linkerhand van de gekruisigde hangt naar beneden, afgekeerd. Dit is niet om veroordeling te laten zien maar teleurstelling. De misdadiger aan zijn linkerkant vloekt en bespot Hem, omdat hij niet *herinnerd* wil worden. De misdadiger heeft zichzelf vergeten, vergeten dat hij een man is die God nodig heeft. Hij heeft God door zichzelf vervangen.

In paneel 2, laat ik het hart van de Vader zien, kloppend in de borst van Jezus. Fysiek keert Jezus zich naar de misdadiger die deels heeft herkend wie Hij is. Zijn lichaam is vastgespijkerd, maar tegelijkertijd probeert Hij, ondanks alle weerstand, met Zijn woorden van leven de stenen en tranen aan te raken die de dood *gedenken*.

Dit stuk laat het hart van Jezus zien, dat het Vaderhart is. Het woord "Vader" is een autoriteitspositie met grote verwachtingen. Van een vader wordt verwacht dat hij zorg draagt voor zijn kinderen, dat hij een bron van wijsheid is en een plek waar ieder kind welkom is.

Omdat de Koning wetgever is, moet Hij ook een oordeel vellen. Veroordeling kan hard zijn, maar het brengt ook orde en vrede. De Koning is gebonden zich aan Zijn eigen wet te houden, maar als Hij dat doet, doet Hij dat met tranen van een Vader, die altijd wil dat Zijn kind zich omdraait, berouw toont en terugkeert naar een juiste relatie met Hem.

Hij moet Zich op bepaalde momenten afkeren van Zijn kind, maar altijd in de hoop dat het kind het verlies van bescherming zal voelen en zal terugkeren naar Hem.

De *herdenkings*gedachte moet ons hoop geven: Als Jezus, de vleesgeworden God, kon reageren op de roep van een misdadiger in de laatste minuten van zijn leven, hoeveel te meer zou Hij dan Zijn eigen volk *gedenken* en antwoorden? "De Israëlieten zuchtten in hun slavernij… God hoorde hun zuchten en Hij gedacht aan Zijn verbond" (Exodus 2: 23–24). Hij kan ze niet vergeten. Ze zijn Zijn volk! Hij moest wel reageren op hun schreeuwen. Zes miljoen schreeuwen, zuchten, en tranen. . . . Als Hij niet zou antwoorden, zou Hij Zijn centrale rol als Vader ontkennen.

Kruisiging

Kruisiging was een marteling om een slachtoffer maximaal te laten lijden gedurende een zo lang mogelijke tijd. Sommige slachtoffers hingen vijf dagen lang aan het kruis. Kruisiging werd vaak gebruikt om de toeschouwers angst aan te jagen. Dode slachtoffers werden achtergelaten ter waarschuwing van potentiële dissidenten. Kruisiging was meestal bedoeld om een dood te veroorzaken die bijzonder langzaam, pijnlijk, verschrikkelijk, vernederend en openbaar was, alle middelen gebruikend voor dat doel.

Kruisiging vereenzelvigt zich met de martelingen van de Holocaust. Behalve een executie was een kruisiging ook een vernedering om de veroordeelde zo kwetsbaar mogelijk te maken. Hoewel kunstenaars de figuur aan het kruis afgebeeld hebben met een lendendoek, werden de slachtoffers waarschijnlijk helemaal naakt gekruisigd. Dit was ook de ervaring van de miljoenen die in de Holocaust omkwamen. Naar dit aspect verwijst Psalm 22: 18, 19: "Al mijn beenderen zou ik kunnen tellen; en zij, zij zien mij aan, zij kijken naar mij. Zij verdelen mijn kleding onder elkaar en werpen het lot om mijn gewaad."

Terwijl ik dit schrijf zie ik in gedachten de broodmagere lichamen van de levende doden in de bevrijde kampen zoals Bergen Belsen. Nadat ze in de dodenkampen waren aangekomen werden de gevangenen gedwongen om al hun bezittingen af te geven.

Alle persoonlijke spullen, inclusief kleren, werden verwijderd, gescheiden en in het Derde Rijk uitgedeeld. Deze verzen werden ook vervuld in de kruisiging van Jezus: "En toen zij Hem gekruisigd hadden, verdeelden zij Zijn kleren: door het lot te werpen bepaalden zij wat ieder ervan zou krijgen" Markus 15: 24.

Het evangelie van Johannes is veel specifieker: "Nadat de soldaten dan Jezus gekruisigd hadden, namen zij Zijn kleren en maakten vier delen, voor elke soldaat een deel, en zij namen ook het onderkleed. Het onderkleed nu was zonder naad, van bovenaf als één geheel geweven. Zij dan zeiden tegen elkaar: "Laten we dat niet scheuren, maar laten wij erom loten voor wie het zal zijn". Opdat het Schriftwoord vervuld zou worden dat zegt: Zij hebben Mijn kleren onder elkaar verdeeld en over Mijn kleed hebben zij het lot geworpen. Dit hebben dan de soldaten gedaan." Johannes 19:23–24.

Auschwitz was het hoofdvoorbeeld van de kruisiging. Het kamp was verdeeld in Auschwitz 1 en Auschwitz 2 (Birkenau). Als je niet direct ter dood was veroordeeld door naar Auschwitz 1 gezonden te worden, dan ging je een langzame dood tegemoet ten gevolge van uithongering en zware arbeid.

Als je niet langer in staat was te werken, werd je naar Birkenau gestuurd om te worden vergast. Dit was het laatste deel van de executie, een twintig minuten durende verstikking in de gaskamers. Getuigen vertelden dat zij tijdens de eerste tien minuten het geschreeuw en de gebeden in de gaskamers konden horen. Gedurende de laatste tien minuten deed het gas elk geluid verstommen.

Deze tien minuten van schreeuwen werden miljoenen keren gehoord. Meer dan 2,5 miljoen mannen, vrouwen en kinderen stierven door middel van dit langzame en pijnlijke proces. Het enige hart dat de capaciteit heeft om al deze uitroepen, schreeuwen en gebeden uit de gaskamers te *gedenken* is het hart van God zelf. Deze hoorbare voorbede op aarde vraagt om een antwoord van het hart van de Vader in de hemel.

Het gezichtspunt van de Holocaustoverlevende

Terwijl het verhaal van de twee misdadigers aan een Holocaust overlevende werd verteld, werd uitgelegd dat de drie gekruisigden in de laatste minuten van hun leven spraken. De linker misdadiger vervloekte Jezus, en de rechter man smeekte om te worden *herdacht*.

De Holocaust overlevende zei toen: "Ik kan me met beide misdadigers identificeren. Wij leefden altijd met de dood voor ogen. De ene dag in Auschwitz konden wij als gevangenen, met het beetje kracht dat ons restte God vervloeken en bespotten. De andere dag wilden we het wel uitschreeuwen en Hem vragen ons te *gedenken*."

Vanuit het gezichtspunt van de overlevende gaan de handen van de Holocaustfiguur in tegenovergestelde richtingen. De hand die omhoog wijst identificeert zich met de hand die het leven geeft. De andere hand wijst in de tegenovergestelde richting - deze herkent het spotten en vloeken.

Samenvatting

Als kunstenaar heb ik mezelf afgevraagd: zou God Zijn volk verwerpen? Zou Hij, als hun Vader, hen vervangen als Jezus Zijn verlangen om te redden op zo'n uitzonderlijke manier laat zien?

Het antwoord is: God zal en kan Zijn volk niet verwerpen. Hij is een liefhebbende Vader. In de laatste minuten van het leven van Zijn eigen Zoon strekte het hart van de Vader zich uit en gaf Hij, door Zijn Zoon, leven aan de misdadiger. Deze liefdesdaad zou ons er allemaal weer van moeten verzekeren dat de Vader Zijn volk voor eeuwig *gedenkt*.

Gespreksvragen

1. Wat is jouw idee van *gedenken*?
2. Wat denk je van de misdadiger die met Jezus naar het paradijs ging. Komt dat overeen met jouw kijk op redding door Jezus, of hoe daagt het je geloof uit?
3. Waarom denk je dat de Joden de opdracht krijgen om hun geschiedenis door middel van de feesten te *gedenken*?
4. Hoe heeft God Zijn volk voorzien, voor hen gezorgd en hen welkom geheten?
5. Lees Ezechiël 37: 1–12 en onderzoek die verzen nog een keer in relatie tot de Holocaust. Hoe laat de Vader Zijn hart aan Zijn volk zien?
6. Bestudeer de foto van paneel 2. Hoe zou jij het hart van de Vader laten communiceren met de Holocaust overlevende die de kruisiging aanschouwt? Wordt de pijn van de overlevende weerspiegeld of vereenzelvigd in de Kruisiging?
7. Hoe kun jij de Joden *gedenken*?
8. Neem een paar minuten om je hoofd, ziel en geest leeg te maken. Stel je een scène uit de Holocaust in Auschwitz voor. Hoe zou jij bidden? Wat zou je tegen het Holocaust slachtoffer zeggen die deze onuitsprekelijke verschrikking doormaakt? Wat denk jij dat de Vader voelde en Zich *herinnerde* tijdens die jaren?

"Hij zei tegen Zijn moeder,... 'hier is uw zoon' en tegen de disciple, 'Hier is je moeder.'"

Paneel 3

Derde woord van de zeven laatste woorden van Christus

> *"Toen nu Jezus Zijn moeder zag en
> de discipel die Hij liefhad, bij haar
> zag staan, zei Hij tegen Zijn
> moeder: Vrouw, zie, uw zoon.
> Daarna zei Hij tegen de discipel:
> Zie, uw moeder.
> En vanaf dat moment nam de
> discipel haar in zijn huis."*
>
> *Johannes 19: 26-27*

Kernwoord: Relatie of verhouding

Doelstellingen

1. Het concept bespreken van de nieuwe en onnatuurlijke *relatie* die gevormd werd tussen Maria, de moeder van Jezus, en de geliefde Johannes.
2. Het concept onderzoeken van een onnatuurlijke *verhouding*.
3. Jesaja 49: 15 vergelijken en de tegenstelling zien in de context van de relationele *verbintenis* van de Vader met Israël.
4. Analyseren waarom de Vader een nieuwe en onnatuurlijke *relatie* met Jezus aanging.
5. De emotionele last van de Holocaust overlevende onderzoeken die zijn vermoorde familie, vrienden en vroegere levenswijze met zich meedraagt.

Een nieuwe verbintenis

Vanuit het oogpunt van de kruisiging is dit woord eenvoudig te begrijpen – het reflecteert Jezus' hart. Op het hoogtepunt van Zijn eigen lijden zorgt Hij voor Zijn moeder. Mijn gedachte bij het maken van het derde kruisigingspaneel was dat Hij haar op de schouder van een vriend legt, iemand die Hij kan vertrouwen, de geliefde Johannes, de enige discipel die bij Hem blijft tijdens al het lijden.

Relatie

Het belangrijkste woord in paneel drie is relatie. "Vertrouwen" en "verbintenis" zijn de twee fundamentele woorden van een relatie. Jezus vertrouwt Zijn moeder toe aan de zorg van Johannes en verbindt haar met hem. Johannes moet haar nu opnemen als zijn eigen moeder. Jezus geeft Johannes zelfs Zijn eigen rol als de zoon.

Een moeder-zoonrelatie

Er is geen diepere plaats van herinnering mogelijk dan tussen een moeder en haar zoon. De woorden: "Moeder, dit is uw zoon; zoon, dit is uw moeder" gaan boven het natuurlijke uit; zij creëren een *relatie* vanuit een onnatuurlijke plaats van lijden. Johannes was niet Maria's natuurlijke zoon, en zij was niet zijn moeder; maar de woorden vanaf het kruis maken de innigste van alle *relaties*.

De moeder-zoon *relatie* raakt het hart van de Vader heel erg diep. Hoe geeft een zoon zijn moeder over aan de zorg/bescherming van een andere man? Hoe kijkt de hemelse Vader naar het overdragen van de *relatie*?

Als ik hier even bij stil sta vraag ik me af: Hoe draagt een zoon zijn moeder over aan de zorg van een andere man, en hoe geeft een moeder haar zoon over om te worden geofferd? Maria mag dan in haar hart altijd al geweten hebben dat Hij zichzelf zou weggeven, maar wat gaat er om in het hart van een moeder als ze Hem ziet sterven?

Hoe verlaat je de plaats van het kruis om vervolgens onder de bescherming te komen van een ander, die niet je zoon is?
Is dit de ultieme daad van liefde, kijken naar het offer van je zoon, je moeder weggeven en een liefdes*relatie* aangaan met iemand die geen familie van je is?

Jesaja laat iets zien van Maria's relatie in Jesaja 49:15, "Kan een vrouw haar zuigeling vergeten, zich niet ontfermen over het kind van haar schoot? Zelfs al zou zij die vergeten, Ik zal u niet vergeten!"

Wat hier bedoeld en voorgesteld wordt is de kracht van de goddelijke liefde en genade om dood te veranderen in leven. Dit moet een moment van complete rust en overgave geweest zijn voor elk van deze drie mensen: Maria, Jezus en Johannes.

Vanuit het gezichtspunt van de Holocaust overlevende

Om dit vanuit het gezichtspunt van de Holocaust overlevende vorm te geven, beeldhouwde ik hem met een zwaar kleed dat hij over zijn schouders draagt. In de plooien van het kleed bevindt zich een uitgemergelde, surreële vrouwenfiguur. Hij draagt haar in een arm en het daarmee verweven lichaam hangt over zijn schouders; zijn hand houdt het eind van het kleed vast.

De relatie met de Holocaust

De Holocaust overlevende had ook een *relatie* op zijn schouders gelegd gekregen. Zijn *relatie* is de herinnering aan de doden die als een zware last op hem rust. Voor de rest van zijn leven zal hij de herinnering aan zijn bloedverwanten met zich meedragen, waar hij ook heen gaat. Hij heeft de Holocaust overleefd, waarin zijn familie en geliefden zijn omgekomen. Hij was niet in staat om de leden van zijn eigen familie te redden. Als hij had gekund, zou hij zijn eigen moeder naar de veiligheid gedragen hebben, maar ook zij werd meegenomen zonder dat iemand kon helpen. De overlevende draagt nu die schuldenlast, omdat hij niet in staat was zijn eigen moeder te redden.

De Holocaust overlevende bevindt zich nu in een volkomen onnatuurlijke relatie. De meerderheid van zijn vooroorlogse kennissen zijn weggenomen, en in plaats daarvan draagt hij de zes miljoen. Dit creëert een onnatuurlijke *relatie,* misschien hechter dan alle *relaties* die hij daarvoor kende.

Net als Johannes bij de kruisiging draagt de overlevende de last van een *relatie* die hij vóór de Holocaust niet had. Beide onnatuurlijke *relaties* zijn in dit stuk aanwezig. De nieuwe, maar onnatuurlijke *relatie*, wordt door Jezus gegeven aan Maria om gedragen en verzorgd te worden door Johannes; de overlevende draagt nu de nieuwe en onnatuurlijke *relatie* van de zes miljoen.

Hij is gefixeerd op het uiteinde van het kleed in zijn hand. Voor de meeste overlevenden was de bevrijding uit de kampen zoiets als opnieuw geboren worden uit de dood. Ze werden weer mensen met gevoelens, emoties, verlangens en een angst voor voorgaande herinneringen. Alles was hen afgenomen; velen konden zich zelfs hun eigen naam niet meer herinneren.

Het was een lange, moeizame reis om weer aansluiting te krijgen met menselijke emoties en herinneringen. Dat wordt uitgebeeld door het puntje stof in de hand van de overlevende. Als hij zich begint te realiseren wat er met hem is gebeurd, wordt het kleed groter en kruipt via zijn arm omhoog. Als hij de vernietiging van zijn eigen familie, zijn dorp en land waar hij woonde, begint te begrijpen neemt het kleed geleidelijke een vorm aan die via zijn schouders naar de grond valt. Het lichaam is onderdeel van de plooien, maar op deze plaats zijn er zes duidelijk zichtbare plooien, die symbool staan voor de zes miljoen. Deze nieuwe *relaties* zal hij de rest van zijn leven met zich meedragen.

Samenvatting

Als God een relatie kan creëren uit zo'n gebroken staat van lijden, waarom zou Hij deze *relatie* dan vervangen? Iets nieuws maken lijkt altijd een deel van Gods wezen te zijn, om uit niet-natuurlijke *relaties* natuurlijke te scheppen.

In Zijn lijden creëert Jezus een *relatie*, die voor de kruisiging niet bestond - niet zomaar een vriend of een bekende, maar een zoon voor een moeder. Niets gaat dieper dan dat. Jezus laat in deze woorden het geweldige belang van een *relatie* zien, een persoonlijke overgave daaraan. Daarom roept dit een vraag op: als *relatie* en toewijding zo belangrijk zijn voor Hem, zou Hij dan zo gemakkelijk Zijn *relatie* met Israël vervangen of verminderen? Dat zou Hij niet doen. De Vader is toegewijd aan Zijn volk. Waarom zou Hij de *relatie* vervangen, die Hem het meest na aan Zijn hart ligt?

Gespreksvragen

1. Welke werkwoorden zou jij gebruiken om het begrip *relatie* te omschrijven?
2. Hoe zou jij de nieuwe niet-natuurlijke *relatie* beschrijven tussen Johannes, de geliefde, en Maria, de moeder van Jezus?
3. Hoe brengt Johannes het tweede deel van de wet: "Heb uw naaste lief als uzelf", in de praktijk, als hij Maria aanneemt als zijn eigen moeder?
4. Neem een paar minuten om na te denken over paneel 3. Probeer zelf fysiek het gewicht te voelen van de overlevende die de vermoorde slachtoffers draagt. Hoe komt de overlevende weer terug in het leven, terwijl hij deze onnatuurlijke *relatie* draagt?
5. Hoe is jouw kijk op de parallellen tussen de nieuwe relatie die Jezus maakt door Maria toe te vertrouwen aan de zorg van Johannes en de nieuwe *relatie* van de Holocaust overlevende die zijn dode volksgenoten draagt?
6. Lees opnieuw de samenvatting en beantwoordt dan de volgende vraag: "Als *relatie* en toewijding zo belangrijk zijn voor de Vader, zou Hij dan zo gemakkelijk Zijn *relatie* met Israël vervangen of verminderen?" Efez. 2:16. Is er aan de niet-Joden gevraagd om het Joodse volk te dragen? Lees Jesaja 49:22.
7. Hoe beïnvloedt de vraag over de *relatie* en toewijding van de Vader aan Israël jouw leven? Hoe brengt Zijn *relatie* Jesaja 49:15 in vervulling?

"Mijn God, Mijn God
waarom hebt U mij verlaten?"

Paneel 4
Vierde woord van de laatste zeven woorden van Christus

"En op het negende uur riep Jezus met luide stem: "Eloi, Eloi, lama sabachthani?" Dat is vertaald: Mijn God, Mijn God, waarom hebt u Mij verlaten?"
Markus 15: 34

Sleutelwoord: Verlatenheid/in de steek laten

Doelstellingen

1. Wij bekijken het concept *verlatenheid* vanuit het gezichtspunt van de Vader tijdens de kruisiging en de Holocaust.

2. Het concept en de vragen te onderzoeken van ons gevoel door de Vader *verlaten* te zijn in het verleden en het heden.

3. De praktische en profetische waarschuwingen voor de Europese Joden voor de Holocaust te ontdekken.

4. Na te gaan waarom de schrijver de Holocaust ziet als een vorm van oordeel.

5. De relationele aspecten van *verlatenheid*, afwijzing en in de steek gelaten worden te ontdekken, in relatie tot het kruis en de Holocaust.

Introductie van de kunstenaar: Rick Wienecke

Terwijl ik over dit vierde concept van Jezus aan het kruis schrijf, krijg ik steeds meer vragen dan antwoorden. De "vragen" in dit gedeelte zijn in eerste instantie bedoeld om de nadruk te leggen op overpeinzing en komen terug bij de gespreksvragen.

De meest indringende vragen

Vraag: Zou het mogelijk zijn dat de Vader de Zoon zou *verlaten*?
Als Jezus echt vraagt: "Waarom hebt u mij *verlaten?*" moet het antwoord JA zijn. Hij is de Zoon die beschreven wordt als "De eniggeboren Zoon in wie de Vader een welbehagen heeft."

Deze vraag vanaf het kruis brengt ons op de centrale levensvragen en zeer zeker een van de diepste worstelingen van veel Holocaust overlevenden:

- "Hoe kan er een God bestaan als zoiets als de Holocaust gebeurt?"
- "Waar was God tijdens de Holocaust?"

In veel gevallen is hun conclusie: "Als deze slechte dingen gebeuren en God voorkomt of herstelt het niet, dan bestaat Hij niet."

Jezus' vierde uitspraak vanaf het kruis is dan ook een vraag: "Waarom hebt U mij *verlaten?*" Jezus zoekt naar een reden voor de verlatenheid. Hij vraagt:

- "Waarom kan ik U niet vinden of Uw aanwezigheid voelen nu Ik dat het meeste nodig heb?"
- "Is er een reden waarom U mij (nu) alleen hebt gelaten?"

Identificatie in verlatenheid

De vragen van Jezus zijn gebaseerd op een relatie. Hij weet dat de Vader
aanwezig is. Hij vertrouwt Zijn Vader en weet dat als Zijn Vader niet aanwezig is, daar een goede reden voor moet zijn. Het moment waarop Jezus
emotioneel volledig door God verlaten is, moet een diepe plaats van herinnering in Hem raken. Jezus, Die zich de Vaders' afwijzing afvraagt, realiseert
en identificeert zich nu volkomen met die *verlatenheid*. Hierdoor kan Hij
onze hoogste Pleitbezorger worden.

Verlatenheid

In de Bijbel vergelijkt God *verlatenheid* met een vorm van oordeel: "In een
stortvloed van grote toorn heb ik voor u Mijn aangezicht een ogenblik ver-
borgen." Jesaja 54: 8. Op een bepaalde manier verdwijnt Hij zelfs van het
toneel en kan Hij niet gevonden worden. Gods afwezigheid, zelfs voor een
moment, zouden jaren van een wereldoorlog kunnen zijn. Ik denk dat dit de
zwaarste vorm van oordeel is.

De geschiedenis van Mozes is een voorbeeld waar de Vader Zijn hoofd af-
keert. Mozes neemt de plaats in van middelaar tussen God en de zonden
van de Israëlieten. God zegt dat Hij ze niet zal vernietigen, maar Hij wil niet
langer bij hen zijn. In een bijzonder gebed pleit Mozes bij God om Zich niet
af te scheiden. Mozes begrijpt dat er geen leven is buiten Gods aanwezigheid.

Tijdelijk door God verlaten

Als Gods gezicht naar je toegewend is, kan Hij je ook corrigeren, maar ik
denk niet dat het zo ernstig is. Als je in zonde leeft is zijn correctie bedoeld
om jou naar Hem terug te laten keren. Het bewijs van Zijn vastberadenheid
is als de Vader Zijn meest geliefde Zoon voor een ogenblik verlaat, om een
weg te banen voor eeuwige redding. Het sleutelwoord is hier: "ogenblik" of
"moment". Het is iets wat God niet kan verdragen. Zijn eigen genade is te
sterk en trekt Hem terug naar het geroep van Zijn volk en Zijn eigen Zoon
aan het kruis.

Als *verlatenheid* van God komt heeft Hij daar een reden voor. Wij zijn vaak niet in staat om het antwoord te begrijpen, en meestal willen we geen antwoord; we willen alleen maar dat het eindigt, NU! Dit zal aan het kruis een deel van Jezus' vereenzelviging met ons zijn. Zowel Hij als de Holocaust overlevenden zullen gesmeekt hebben om een eind te maken aan hun *verlatenheid.*

- Is het voor ons vandaag anders?
- Als wij ons *verlaten* voelen, smeken wij dan om dit te beëindigen?

Slechts even kan God ons *verlaten.* Deze momenten van in de steek laten kunnen tot uitdrukking zijn gekomen in zes jaren wereldoorlog. Het is mogelijk om je hele leven in zelfgekozen Gods *verlatenheid* door te brengen.

Over het algemeen stelt men geen vraag over het in de steek laten: ze beschuldigen God gewoon. Als hun beschuldiging waarachtige communicatie naar God is en niet alleen zelfrechtvaardiging, heeft God het recht om te beschuldigen, om te reageren. Hij keert hen voor een ogenblik de rug toe, maar de mens laat in zijn geschiedenis zien dat hij God duizenden jaren verlaten heeft.

- Wat is het antwoord van de mensheid als God hen vraagt: "Waarom ben je bij Mij weggelopen?"

Oordeel en waarschuwingen

Binnen de Holocaust waren onmiskenbare oordelen, maar niet zonder waarschuwingen van de Vader. Vanwege Zijn hart voor Zijn volk gaf Hij in de jaren dertig zowel in praktische als profetische zin steeds waarschuwingen. Tussen 1932 en 1939 werden in het bijzonder de Joden in Duitsland en Europa gewaarschuwd. Hier volgen een paar voorbeelden:

1. De Neurenberger wetten, die de bewegingsvrijheid van de Joden beperkten, werden in Duitsland ingevoerd.
2. Enkele rabbi's adviseerden dat de dwaasheid van Duitsland slechts tijdelijk was en dat de Joden het land niet moesten verlaten.

3.	Aan het begin van de dertiger jaren stond Israël, toen Palestina gehe-
	ten, open voor emigratie. Een sterke Zionistische leider, Zeev Jabotin-
	sky, bezocht Joodse gemeenschappen en pleitte: "Ruik je de rook
	niet? Voel je niet dat de aarde onder je voeten in brand staat? Ga weg
	nu het nog kan! Ga naar Israël!" Dit was een behoorlijk praktische en
	profetische waarschuwing van een Joodse leider.
4.	Nadat de Arabische rellen begonnen ging Palestina vanaf 1936 lang-
	zaam dicht. Door het Britse *White Paper* in 1939 sloot Palestina uit-
	eindelijk voor de Europese Joden en kwam er bijna een einde aan de
	Joodse emigratie.
5.	De Joden die acht sloegen op de waarschuwingen en naar Palestina
	emigreerden werden gered van de vernietiging.

De waarschuwingen, de tekenen en zelfs de rapporten over de komende
vernietiging werden genegeerd omdat Poolse Joden hun land beschouwden
als het Beloofde Land en een aantal van hun steden als Jeruzalem. Zij om-
armden een vervangingstheologie die vernietigd moest worden.

Ik denk dat oordeel ook een vastgestelde tijd heeft, een merkteken dat de
Heer in het zand heeft gezet. Als het oordeel komt, zoekt Hij naar voorbid-
ders en profeten om de gevolgen te verminderen van wat Hij weet dat mensen hun medemensen zullen aandoen, als Hij Zijn genade voor een tijdje
wegneemt.

De wereld leeft vanuit Zijn genade. Als Zijn genade weggenomen wordt en
Zijn gezicht afgewend is, zelfs voor even, laten mensen hun ware aard zien.
Zij doden elkaar, willen zelf in controle zijn. Ze richten machtsgroepen op
om daarbij te horen. Dit beschrijft precies de menselijke voorbereidingen op
de Tweede Wereldoorlog. Het resultaat van die zes jaar oorlog was 55 miljoen doden.

Uit die dood, dat oordeel en de Holocaust van de Tweede Wereldoorlog werd het land Israël geboren.

•	Zou Israël zijn ontstaan zonder de Holocaust?

Scheiding en verlatenheid

- Is er een reden waarom Jezus het verlies van Gods aanwezigheid moest voelen en kennen?

Bij Jezus blijft die vraag hangen, niet als een beschuldiging, maar als een algemene uitdrukking van de heftigheid van Zijn pijn. In geloof weet Hij dat er een antwoord bestaat voor Zijn verlies, maar de Vader heeft het Hem niet laten zien. Toen Hij aan het kruis hing moet Jezus hebben gedacht:

- Zijn er momenten waarop het goed is om van de Vader gescheiden te zijn? Is deze afwijzing echt nodig?

Het lijkt dat *verlatenheid* en verlies een aantal van de moeilijkste levensvragen met zich meebrengen.

- Stel dat er iets vreselijks gebeurt en God besluit om niet tussenbeide te komen, het niet te stoppen en het gewoon te laten gebeuren? Betekent dat dan dat Hij er niet is?

Er werden tenminste dertien moordaanslagen gepleegd op Hitler en ze mislukten allemaal. Al lang voor het einde van de oorlog was het mogelijk geweest om Auschwitz te bombarderen, maar het gebeurde niet.

- Opnieuw - waar was God?

Ja, de Satan heeft macht, maar God neemt de definitieve beslissing. Als God almachtig en alwetend is, dan kent Hij de natuur van de mens. Hij staat toe dat mensen hun kwaadaardige natuur volledig tot uitdrukking brengen in de Holocaust van zes miljoen Joden.

- Moet God Zijn rug toekeren om het kwaad te laten gebeuren?
- Is het de zwaarste oordeelsvorm als Hij Zijn rug voor een ogenblik toekeert?

In Gods economie zou dit korte moment zes jaar kunnen zijn... . In het Hebreeuws betekent het gezegde *asseroet paniem*, "het bedekken of verwijderen van het aangezicht, een wegdraaien."

Samenvatting

De *verlatenheid* van Zijn Zoon te voelen moet het meest pijnlijke gedeelte geweest zijn voor de Vader. Opdat een aantal geestelijke wetten of grondbeginsels vervuld konden worden, moest Hij zijn meest geliefde Zoon *verlaten*. Hij stond toe dat Zijn Zoon verlatenheid in al zijn diepten ervoer om aan de verloren wereld de mogelijkheid van verlossing te geven.

De kruisiging zelf is een daad van voorbede en verlossing. In die plaats van *verlatenheid* moest Jezus verlossing brengen, maar als Hogepriester en belangrijkste Middelaar moest Hij dat volledig ervaren. Hij staat Zijn volk toe om zich op een diepe wijze verlaten te voelen om Zijn eigen gevoel van *verlatenheid* te begrijpen.

Als zij de tranen zouden kunnen begrijpen die Hij als Vader vergiet als Hij het oordeel voltrekt, dan zouden zij verlatenheid net zo erg haten als Hij dat doet. De grootste vernietigende kracht in een relatie is in de steek laten, *verlaten*, of vervangen. God laat zien hoezeer hij deze drie haat door Zijn enige Zoon toe te staan het kruis te ondergaan om hen, die Hij liefheeft, te verlossen.

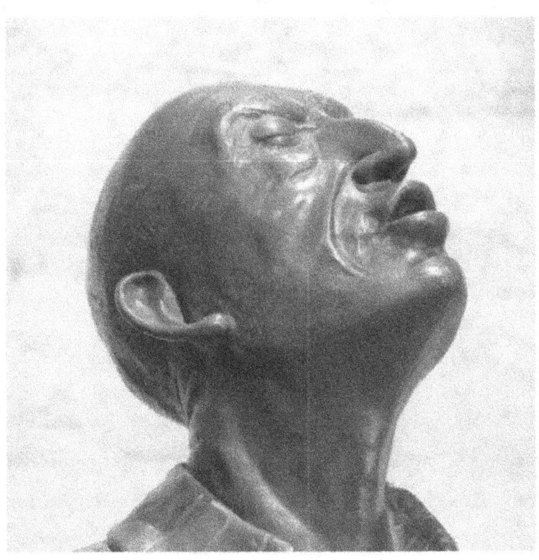

Gespreksvragen

De volgende vragen werden eerder in de tekst gesteld. Kies er tenminste drie uit en bespreek die als groep of reflecteer, mediteer en/of schrijf er persoonlijk over.

1. Zou het mogelijk zijn dat de Vader de Zoon in de steek zou laten?
2. Vraagt Jezus echt: "Waarom hebt U Mij *verlaten?*"
3. Hoe is het mogelijk dat er een God is als dingen zoals de Holocaust gebeuren?
4. Waar was God tijdens de Holocaust?
5. Waarom vraagt Jezus: "Waarom kan ik U niet vinden of Uw aanwezigheid voelen nu Ik dat het meeste nodig heb? Is er een reden waarom U mij (nu) alleen hebt gelaten?"
6. Wat is het antwoord van de mensheid als God hen vraagt: "Waarom ben je bij Mij weggelopen?"
7. Zou Israël ontstaan kunnen zijn zonder de Holocaust?
8. Is er een reden waarom Jezus het verlies van Gods aanwezigheid moest voelen en kennen?
9. Zijn er tijden dat gescheiden zijn van de Vader goed is?
10. Moet God Zijn rug toekeren om het kwaad te laten gebeuren?

"Ik heb dorst."

Paneel 5
Vijfde woord van de laatste zeven woorden van Christus

"Hierna zei Jezus, omdat Hij wist dat nu alles volbracht was, opdat het Schriftwoord vervuld zou worden: "Ik heb dorst.""

Johannes 19:28

Sleutelwoord: *dorst*

Doelstellingen

1. Het concept *dorst* vanuit verschillende perspectieven te identificeren.

2. Het *dorst* concept te onderzoeken vanuit onze identificatie hiermee.

3. Na te gaan waarom Jezus zo'n ontzettende *dorst* ervoer.

4. Wat is het principe van voorbede-identificatie in Jezus' vijfde uitspraak?

5. Het nader bekijken van de enorme omvang van Jezus' identificatie met Zijn eigen volk.

Jezus als levend water

Jezus' uitroep is een persoonlijke schreeuw, één die bij Zijn eigen lijden hoort. Het drukt een innerlijke roep uit, niet alleen een onmiddellijke behoefte. Hij heeft van Zichzelf gezegd dat Hij levend water geeft en als iemand daarvan drinkt hij nooit meer *dorst* zal hebben. Als Jezus Zichzelf de Bron van levend water heeft genoemd en Hij zegt nu dat Hij *dorst* heeft, dan moet dat betekenen dat Hij niets meer over heeft, dat Hij iedere druppel van Zichzelf heeft gegeven.

De dorst van Jezus

Mijn hele kruisigingsafbeelding maakt een neerwaartse beweging. De vingers hangen onnatuurlijk naar beneden, het hoofd buigt opzij, en zijn mond hangt open. Hij is volkomen leeg. Als water wordt uitgegoten zoekt het een weg om op het laagste punt tot stilstand te komen. Hij is ons plengoffer, dat vergoten wordt tot op de laatste druppel. De laatste druppel, de laatste traan wordt getoond in Zijn voeten die als één enkele druppel bijeenkomen.

De figuur van de Holocaust

De man, die de Holocaust vertegenwoordigt, raakt met een hand bijna de voet aan van de gekruisigde, die de laatste traan voorstelt. De concentratiekampgevangenen zouden zeggen dat ze geen tranen meer hadden om te vergieten. Als er geen emoties meer zijn, maakt het de ziel droog.

De vereenzelviging van de Holocaust met dorst

De Holocaust figuur zit in elkaar gedoken. Dat is ook een neerwaartse beweging; het is geen plaats van aanbidding maar een vereenzelviging met uitgegoten worden. Vanuit het perspectief van de Holocaust identificeerde men zich heel erg met dorst. Ze zeiden dat je in de kampen lange tijd kon overleven op stukjes brood, maar als je geen drinkwater had, was je binnen een dag dood.

De andere hand van de Holocaust figuur houdt hij als een kommetje boven de grond, op zoek naar dat uitgegoten innerlijke water. Het vertegenwoordigt de plaats van innerlijke *dorst,* de onzichtbare droogte die de ziel kan doden, niet slechts het lichaam.

De specifieke vergelijking met Auschwitz is wanneer de gevangenen aankwamen; dagenlang zaten zij in veewagens gepropt, zonder voedsel of water. Een deel van hen die in het kamp aankwamen was in de wagens gestorven, meestal van de *dorst.* Degenen die deze marteling overleefden begrepen heel goed dat *dorst* gekoppeld was aan lijden en dood.

Samenvatting

Als Jezus een bron is die niet opdroogt, waarom werd Hij dan tot de laatste druppel gebracht? Het moet hetzelfde principe zijn van voorbede identificatie als in het laatste woord. Opdat de kruisiging verlossing kon brengen naar de plaats van *dorst,* moest Jezus het persoonlijk kennen.

Hij droeg die ervaring ten volle in Zijn eigen lichaam en ziel. Om in alle opzichten onze Middelaar te kunnen zijn moest Hij zich volledig kunnen identificeren met *dorst.* Opnieuw moeten we concluderen dat, als Hij zich zo met ons wil identificeren, hoe veel te meer identificeert Hij zich dan met Zijn eigen volk.

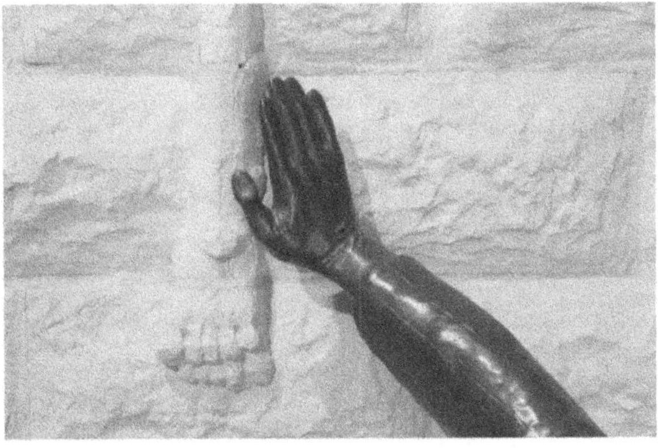

Gespreksvragen

1. Jezus noemt Zichzelf het levende water. Nu zegt Hij dat Hij *dorst* heeft. Bespreek en onderzoek de paradox van Jezus die voor levend water zorgt en toch *dorst* heeft.

2. De hand van de Holocaust figuur raakt de gekruisigde voeten van Jezus, die de laatste traan symboliseren, niet aan. Waarom heeft de kunstenaar hem Jezus' voeten niet laten aanraken?

3. Wat brengt "zieledroogte"? Bespreek de extreme omstandigheden en condities die deze droogte in de concentratiekampgevangenen veroorzaakte.

4. Lees Johannes 19: 28, 29 opnieuw. Waarom wordt de Schrift vervuld door de woorden "Ik heb *dorst*"?

5. Wat is het wezen van de voorbede vereenzelviging in dit woord?

6. De kunstenaar eindigt met deze vraag: En weer moeten we tot de slotsom komen dat, als Hij zich zo met ons wil identificeren, hoeveel te meer identificeert Hij zich dan met Zijn eigen volk? Wat is jouw antwoord op deze vraag? Bespreek de antwoorden.

"Het is volbracht."

Paneel 6

Zesde woord van de laatste woorden van Christus

> *"Toen Jezus dan de zure
> wijn genomen had, zei Hij:
> Het is volbracht. En Hij boog
> het hoofd en gaf de geest."*
>
> Johannes 19:30

Sleutelwoord: volbracht/volbrengen

Doelstellingen

1. Het concept *volbracht* identificeren vanuit verschillende gezichtspunten.
2. Het concept *volbrengen* onderzoeken vanuit het gezichtspunt van vereenzelviging.
3. Nagaan wat de kern van het *volbrengen* betekent voor de Joden na de Tweede Wereldoorlog.
4. Nagaan wat de kern van het *volbrengen* betekent voor Jezus.

Een einde aan Zijn lijden

Dit woord betekent zoveel, heeft zoveel lagen, dat je je wellicht zult afvragen: "Wat betekent het?" Jezus maakt een einde aan Zijn lijden. Op zichzelf is dat al verbazingwekkend. Uit de geschiedenis weten we dat een kruisiging dagen kon duren. Als we het goed begrijpen duurde Jezus' kruisiging uren en geen dagen.

Ik heb verschillende vragen over waarom Jezus mogelijk binnen een paar uur is gestorven:

- Was de geseling die Pilatus Jezus voor de kruisiging liet geven zo zwaar dat het de lengte van Zijn kruisiging heeft bekort?
- Als Jezus wordt gezien als het Lam dat voor Pasen geslacht is, was het dan de bedoeling dat Hij zou sterven voordat Pasen begon?

De Joodse leiders wilden dat de benen van de gekruisigden gebroken zouden worden, zodat de dood onmiddellijk zou intreden en dat zij tijdens Pesach niet aan hun kruizen bleven hangen. In het Joods religieuze denken zou Pesach dan verstoord of op een of andere manier worden aangetast. Het breken van de benen leidde onmiddellijk tot de verstikkingsdood. Toen ze bij Jezus kwamen om Zijn benen te breken waren ze verbaasd, zelfs onthutst, dat Hij al overleden was. Blijkbaar hadden zij met al hun kruisigingservaring nog niet eerder meegemaakt dat een slachtoffer zo snel overleed.

Vereenzelviging met de Holocaust

De dood door verstikking aan het kruis heeft altijd mijn aandacht gehad door de overeenkomst met de Holocaust. De kruisiging was uitgevonden om de maximale hoeveelheid pijn te veroorzaken gedurende de langst mogelijke tijd. Het laatste stadium was verstikking als het slachtoffer zich niet meer omhoog kon duwen om adem te halen. De overeenkomst is dan ook dat in de kampen de Holocaust slachtoffers moesten werken en uitgehongerd werden, op weg naar een langzame maar zekere dood. In de meerderheid van de gevallen was verstikking in de gaskamer de doodsslag.

Het einde van de Holocaust overlevende

Voor de Europese Joden was 1945 het *einde. Beëindiging* voor de overlevenden betekende dat er voor hen niets duidelijk was. De oorlog was voorbij maar wat moesten ze nu doen? De overlevenden probeerden terug te keren naar de plaatsen die hen konden helpen te weten wie ze waren: hun dorpen en huizen. Dat waren voor hen de belangrijkste plaatsen van herinnering en waarmee ze zich konden identificeren. Hun diepste herinneringen die hen in de doodskampen in leven hadden gehouden werden nu een onpeilbare plaats van leed. Het was alsof ze verdwenen waren.

Het Poolse einde

De geschiedenis van de Poolse Joden gaat bijna 900 jaar terug. De meerderheid van de Europese Joden leefde in Polen. Voor hen als bevolkingsgroep was dat hun grootste bron van herinnering. Toen zij terugkeerden naar hun huizen ontdekten zij een verdergaande verwoesting van hun herinneringen en geschiedenis. Het was alsof ze niet hadden bestaan. Andere mensen, onder wie veel lokale Polen, woonden in hun dorpen en bezetten nu de huizen van hun families.
De geschiedenis leert ons dat zij na terugkomst zonder enige warmte of sympathie werden ontvangen, maar met boosheid en woede: "Hoe durf je terug te komen!" Eind 1945 waren er in Polen en de Oekraïne geregeld pogroms en rellen tegen de Joden. Vijfentwintig duizend Joden, die de Holocaust hadden overleefd, werden voor hun eigen huis gedood door hun 'aardige' buren. Alles was *geëindigd.* Alles was verdwenen. Alles wat ze kenden was weg.

Het beeld van de Holocaust

Ik beeldhouwde het antwoord van de overlevende op het *einde* door zijn gezicht met zijn hand te bedekken. Hij heeft zijn identiteit verloren en kan niet meer volledig zien. De andere hand probeert in een bepaalde richting te wijzen, maar die is er niet, en de hand zweeft in de lucht. Hij kan nergens heen. In 1939 wilde niemand de Joden hebben en nu, in 1945, na de oorlog, is er nog steeds geen plaats voor hen. De enige plaats in de wereld die hen wil hebben is Palestina, de voorloper van Israël, en de Engelsen doen alles wat in hun vermogen ligt om dat te blokkeren.

Waar konden ze dus heengaan? Ze moesten naar de enige plaats die ze kenden, terug naar de kampen. Dezelfde concentratiekampen waaruit ze bevrijd waren fungeerden nu als vluchtelingenkampen. Voor de overlevende was dit *einde* zoiets als terugkeren naar het graf, de plaats waar alles en iedereen die hij kende was gedood en begraven. Het *einde* voor de overlevende was een terugkeer naar een eerdere dood, naar een graf.

De vormgeving van Jezus' "Einde"

Tijdens het maken van *Het Einde* in het kruisigingspaneel vroeg ik me af:
- Maakte Jezus een *einde* aan de dood zelf?
- Was dit nu het *einde* van Zijn middelaarschap?
- Had Hij alles wat de Vader Hem opgedragen had tot een goed *einde* gebracht?

Terwijl ik deze vragen onderzocht beeldhouwde ik Hem met een krachtige en vastbesloten gezichtsuitdrukking. De vingers van Zijn handen bedekken de koppen van de spijkers. Je kunt de spijkers niet zien. Opzettelijk laat hij deze verdwijnen.

Samenvatting

Voor Holocaust overlevenden is het leven, zoals zij dat kenden, verdwenen. Het vreselijke *einde* was volkomen. Hun valse Poolse Israël en Jeruzalem moesten volledig vernietigd worden, zodat het echte land en de echte stad konden opstaan. Toen de oorlog was afgelopen duurde het nog drie jaar voor de wederopstanding en geboorte van hun nieuwe land Israël plaatsvond. Voordat er iets nieuws kan beginnen moet er een duidelijk einde zijn gekomen aan het oude. Jezus gaf Zichzelf aan deze dood over als een daad van gehoorzaamheid aan de Vader, dus had Hij de volledig autoriteit om het te beëindigen. Zoals Hij aangeeft in Openbaring 21: 6: "En Hij zei tegen mij: Het is geschied. Ik ben de Alfa en de Omega, het Begin en het Einde."

Gespreksvragen

1. Lees opnieuw de eerste twee delen: "Een *einde* aan Zijn lijden."
2. Wat is jouw conclusie over de vraag waarom Jezus stierf in uren en niet in dagen?
3. Kijk naar de foto van paneel 6. Waarom heeft volgens jou de Holocaust overlevende zijn hand voor zijn gezicht?
4. Wat zeg jij tegen de Holocaust overlevende die terug moet naar het vluchtelingenkamp waar hij of zij opgesloten zat?
5. Kijk nog eens naar de foto van paneel 6 en bespreek dan de volgende vragen die door de kunstenaar gesteld werden:
   - Maakte Jezus een *einde* aan de dood zelf?
   - Was dit nu het *einde* van Zijn middelaarschap?
   - Had Hij alles tot een goed *einde* gebracht wat de Vader Hem had opgedragen?
6. Bespreek de samenvatting van de kunstenaar: "Jezus, had de volledige autoriteit om het te *beëindigen.*"

"In Uw handen beveel* ik Mijn geest."

Paneel 7

Zevende woord van de laatste zeven woordnen va Christus

En Jezus riep met luide
stem en zei: "Vader, in Uw
handen beveel Ik Mijn geest.
Toen Hij dit gezegd had,
gaf Hij de geest."
Lukas 23: 46

Sleutelwoord: *toewijden/bevelen*

Doelstellingen

1. Het concept *toewijding* vanuit Jezus' gezichtspunt bestuderen.
2. De gedachte van begrafenis en opstanding vanuit de gezichtspunten van het kruis en de Holocaust bespreken.
3. Het concept wat "het *toewijden* van geest en herinnering," betekent voor de Holocaust overlevende.
4. "Waarom moeten wij de aandacht richten op de Joden?"
5. Het concept van de schrijver bestuderen: "Waarom de Vader de Joden nooit vergeet".

Jezus beveelt/ wijdt Zijn geest toe

Met deze laatste woorden, de laatste uitroep, legt Jezus Zijn geest in de handen van de Vader (dezelfde handen die in Gethsemané de lijdensbeker in de handen van Jezus hadden gedrukt). De handen van de Vader zijn de enige handen die de geest van Jezus konden ontvangen.

Naar diezelfde God riep Jezus: "Mijn God, Mijn God, waarom hebt U Mij verlaten?" En nu legt Hij Zijn geest terug in de handen van de Vader. Jezus weet dat God er is als Hij Zijn middelaarschap beëindigt. Hij weet dat de opstandingshoop in de handen van de Vader ligt. Het is de opstanding die Hun relatie bewijst en uiteindelijk de vragen beantwoordt.

De kruisigingsfiguur

De dood is nu ingetreden in Jezus' lichaam. De kruisiging hangt op de laagste mogelijke positie, omdat alles van Hem is afgenomen en er niets meer te geven valt. Het vel is strak over de botten gespannen. Hij is volkomen leeg. In Zijn opstanding zal Hij weer gevuld worden om opnieuw de bron van levend water te kunnen zijn.

In de opstanding van Jezus zien we nog een andere overeenkomst tussen de Holocaust en de kruisiging: Jezus lag drie dagen in het graf. Van 1945 tot 1948 was het Joodse volk drie jaar lang begraven. Uiteindelijk werd in 1948 de nieuwe Staat Israël die ene plaats op aarde waar de Joodse overlevenden welkom waren.

De Holocaustfiguur

Het beeld van de Holocaust beeld dat 'begraven zijn' tussen 1945 en 1948 uit. Beide delen van de Holocaust worden hier uitgebeeld.

De overlevende is neergevallen onder de zware mantel die de omgekomenen symboliseert. De figuur is bezweken; de doodsmantel bedekt hem en trekt hem naar beneden. De overlevenden moesten terugkeren naar de concentratiekampen. Er was geen andere plaats waar ze naar toe konden gaan. Ze waren dakloos, zonder land en gebroken.

Het was alsof de overlevenden samen met de overledenen werden begraven. De kampen bevatten de graven waar de overlevenden hun bekenden hadden begraven. En nu moesten ze tussen 1945 en 1948 in de graven klimmen van hen die waren omgekomen. Ik heb overlevenden gekend die tussen 1945 en 1948 in dezelfde concentratiekampen geïnterneerd werden. De uitdrukking op het gezicht van de Holocaust overlevende is een reactie op deze tweede dood van internering. Hij vraagt: "Hoe lang, oh Heer, duurt mijn begrafenis?"

De tweede afbeelding is die van een surreële, uitgemergelde figuur die verweven is met het zware kleed dat de omgekomenen voorstelt. De overhangende figuur bedekt de overlevende wiens open handen op de grond liggen. Het is het gebed van de gesneuvelden naar de overlevende: "In jouw handen *bevelen* wij onze geest en onze herinnering."

Het is kenmerkend voor overlevenden dat zij zich voortdurend gedwongen voelen om de doden te herinneren. De herinnering aan de vermoorden ligt in de handen van de overlevenden. Ik denk dat er daarom zoveel gedenkplaatsen zijn voor Holocaustslachtoffers. Deze plaatsen van herinnering zijn geboren vanuit dezelfde drang: "In jullie handen *bevelen* wij onze geest en onze herinnering."

Waarom de focus op de Joden?

Mensen zeggen vaak tegen me: "Waarom al die aandacht voor de Joden? Er werden ook nog anderen gedood in de Holocaust." Het klopt dat er, naast de Joden, wereldwijd een heleboel andere volkerenmoorden hebben plaatsgevonden. Stalin vermoordde bijna 20 miljoen mensen. Verder vonden er o.a. volkerenmoorden plaats in Cambodja en Rwanda. De Armeniërs werden door de Turken uitgemoord.

Ik stel meestal een wedervraag: "Kan jij me vertellen waarom Hitler, toen hij wist dat de oorlog ten einde liep, zijn eigen treinen gebruikte om Joden naar Auschwitz te transporteren?" Diezelfde treinen hadden gebruikt kunnen worden om een deel van zijn Russische troepen te redden, maar in plaats daarvan wilde hij de Joden vermoorden.

Waarom is er in de Moslimwereld nog steeds een vergelijkbare drang om Joden tegen elke prijs te doden? Zij worden gedood omdat ze Joden zijn, niet omdat ze goede of slechte Joden zijn, goede of slechte mensen, maar eenvoudigweg omdat ze Joden zijn.

Hoe komt het dat een Jood een volkerenmoord in een Hitler stimuleert, maar tegelijkertijd zijn lijden wereldwijd doet herdenken? De meeste landen hebben Holocaust herdenkingsdagen, musea, monumenten, toneelstukken, films, gedichten en liederen om deze volkerenmoord te herdenken.

Zijn alleen de Joden de motor achter het verlangen om hun herinnering uit te drukken? Waarschijnlijk niet.... Er is een grote gedrevenheid bij het Joodse volk om te herinneren, maar zij vertegenwoordigen minder dan 1% van de gehele mensheid. Zou het zo kunnen zijn dat God zelf deze herdenking eist?

Samenvatting

Jezus werd gedood als "Koning der Joden". In drie talen stonden die laatste woorden boven Zijn hoofd geschreven. Het waren Zijn koninkrijk en Zijn verbondenheid aan de Joden die Zijn lijden vervolmaakten. Jezus had gezegd: "Als je de wijn drinkt en het brood eet, die Mijn gebroken lichaam en vergoten bloed voorstellen, doe dat tot Mijn gedachtenis."
Zijn laatste woorden vanaf het kruis waren: "In Uw handen *beveel* ik Mijn geest." Hij keert als "De Koning der Joden" terug naar de Vader. In de geschiedenis van de mensheid heeft God aan Jezus een plaats gegeven zoals aan niemand anders. Dit kan eveneens gezegd worden van het Joodse volk.

Terwijl andere, oude volkeren van de aardbodem verdwenen zijn en nauwelijks nog worden herinnerd, bestaat het Joodse volk nog steeds. Zoals het Koninkrijk van Jezus wordt herinnerd, zo zullen zij worden herinnerd. Weer terug in hun oude thuisland, worden ze bijna dagelijks in de wereldpers herinnerd.

God heeft Zijn verbond met hen of Zijn beloften aan hen nooit vergeten, omdat Hij een getrouwe Vader is. Er wordt aan hen gedacht omdat Hij niet vergeet!

Gespreksvragen

1. De auteur beweert: "Hij weet dat de hoop op de opstanding in de handen van de Vader ligt. Het is de opstanding die hun relatie bewijst en antwoord geeft op de vragen." Waarom zou dat zo zijn? Welke vragen van Jezus werden er beantwoord? Welke vragen worden er voor jou beantwoord?

2. Bekijk de foto van paneel 7. Wat is volgens jou de dialoog tussen de Holocaust - en Kruisigingsfiguur?

3. Wat is, na behandeling van de afgelopen zes delen, jouw antwoord op de vraag: "Waarom die sterke focus op de Joden?"

4. Bespreek of schrijf een samenvatting van wat jij in deze zeven hoofdstukken hebt geleerd over de Vader Die Zijn beloften aan het Joodse volk houdt.

5. Hoe zijn jouw mening, je gedachten of je gebedsleven beïnvloed door wat je tot nu toe gelezen hebt?

Epiloog: *De Vlinder – Genezing en leven*

Kan er opstanding zijn na dood en begrafenis?
De vraag die altijd in de lucht lijkt te hangen, was of er een relatie kon bestaan tussen de kruisiging en de Holocaust?
Zouden die twee iets gemeen kunnen hebben?
De dood was duidelijk een deel van beiden, maar de begrafenis?
Er leek een overeenkomst in tijd te bestaan: Jezus was drie dagen lang begraven, het Joodse volk drie jaar, van de lente van 1945 tot de lente van 1948 toen ze een eigen staat kregen.
Was dit het einde van de begrafenis en het begin van de opstanding?

De Vlinder had ik gemaakt tijdens mijn werk aan de muur.
Het kind in het crematorium was ontstaan naar aanleiding van een boek en van muziek. Het boek *Ik zag nooit een andere vlinder* is een verzameling gedichten van Joodse kinderen die in het Terezin getto (Theresienstadt) hadden gezeten. De meerderheid van hen werd gedood in de gaskamers van Auschwitz-Birkenau. Deze korte gedichten werden hun laatste woorden. Pavel Friedmann schreef zijn gedicht *Vlinder* op vier juni 1942.

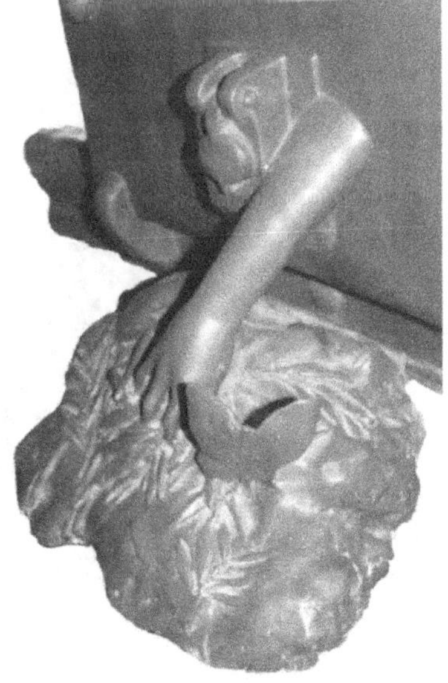

Toen de panelen en de beeldhouwwerken bijna klaar waren kwam de vraag van de opstanding naar boven. Kijkend naar het beeld van *De Vlinder* zie je dat het kinderhandje door de crematoriumdeur een stukje grond aanraakt. Dit is de opstanding van het begin van een volk naar een land. Het kind bezit het, houdt zich eraan vast, maar kan het niet zien, net zomin als hij de vlinder ziet.
Zoals de vlinder in het kunstwerk, ligt de opstanding net buiten het bereik van het kind; hoewel hij het zelf niet kan voelen, is het van hem.
Olijfbladeren, die olijfolie voorstellen, bedekken de grond.

In Bijbelse tijden werd olie gebruikt voor genezing en zalving. Deze olie zou voor Israël zijn, dat nu als natie opstaat uit de as van de crematoria; het zal zijn voor haar genezing, wetend dat Gods zalving op haar rust.

Ik realiseerde me dat *De Vlinder* direct na "in Uw handen beveel ik Mijn geest" moest komen. De laatste twee beeldhouwwerken moesten de twee opstandingsdelen uitbeelden: het land van de natie en dan het volk. Eerst een fysiek levensbegin en dan een opstanding van de relatie.

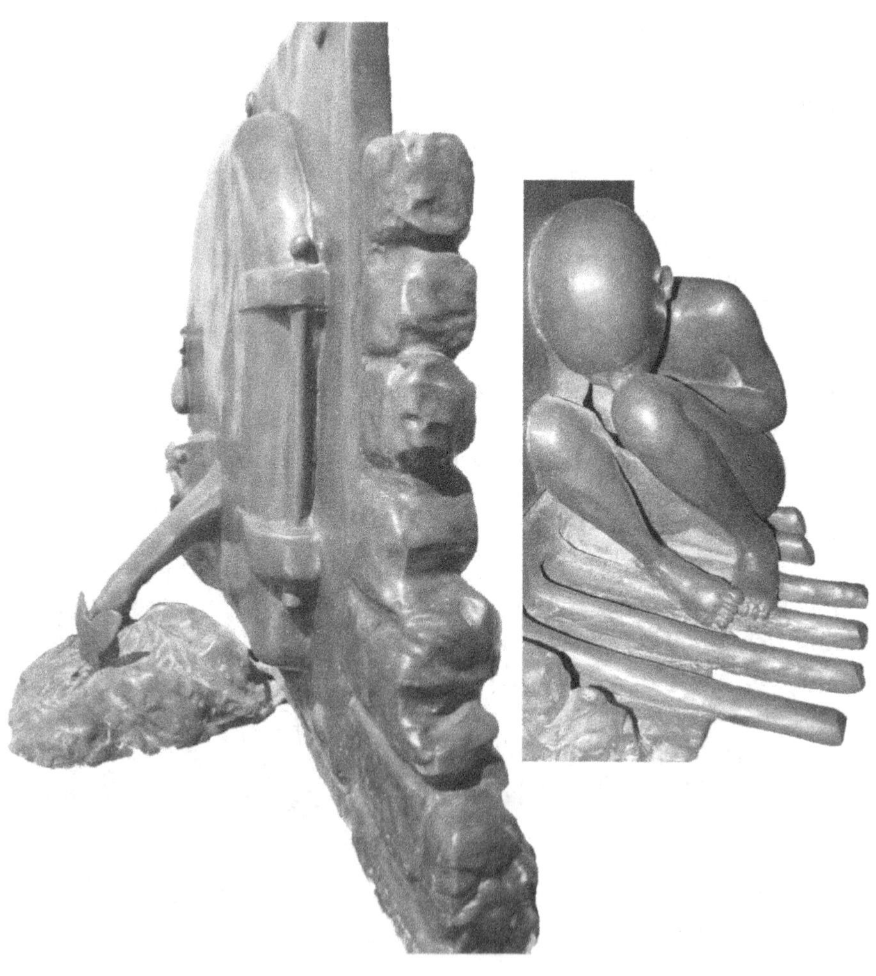

De laatste omarming en de lege beker

Het laatste kunstwerk symboliseert de herstelde relatie, de laatste verklaring van de bijeengebrachte karakters. De lijdensbeker in Gethsemané, toen vol, is nu leeg. Gethsemané laat zien dat de kruisiging de wil van de Vader is geweest.

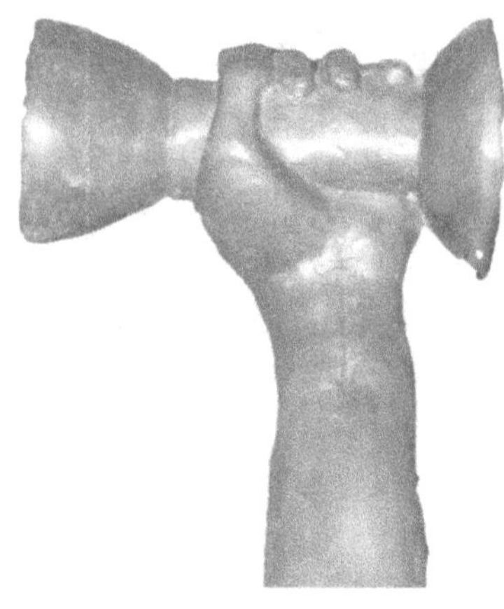

Was de lijdensbeker van het Joodse volk ook de wil van de Vader?

Beide bovenlichamen rijzen op uit de stenen die de omgekomen mensen voorstellen.

Omdat Jezus er vrijwillig voor koos om de beker te drinken houdt Hij nu de lege pul omhoog. Het geeft hoop voor de toekomst, als zij elkaar zullen herkennen in een levengevende omarming.

Mijn gebed voor deze leergang is dat iedereen, die dit bestudeert, de relatie van de Vader met het Joodse volk en het Land zal begrijpen.

Zijn verlangen om alles terug te betalen en te herstellen wat van hen afgenomen is. Hij heeft Zichzelf op de diepst mogelijke manier vereenzelvigd met hun lijden.

Tussen de kruisiging en de Holocaust is een echte dialoog mogelijk. Ik hoop dat je wilt deelnemen aan deze krachtige voorbede. De voorbede en tranen behoren Hem toe, totdat de bemiddeling voleindigd is en Jeruzalem een lof op aarde zal zijn.

Rick Wienecke, Juli 2015

Over de kunstenaar: R i c k   W i e n e c k e

In 1976 begint de Canadees Rick Wienecke vanuit een situatie van vertwijfeling te zoeken naar God. Ook al is hij niet-Joods, voelt hij zich aangetrokken tot Israël en raakt gefascineerd door de opkomst van de natie. Hij vraagt zich af hoe het Joodse volk de vernietiging van de Holocaust kon overleven om zich daarna in 1948 uit te roepen tot natie, ondanks de constante dreiging om vernietigd te worden.

Rick kwam tot de slotsom dat als er een God was, Hij iets te maken moest hebben met die Joden en dat land.

Een jaar later komt Rick naar Israël om voor zes maanden in een kibboets te werken, wat uiteindelijk zeven jaren worden. In de kibboets ontstaan Ricks drie belangrijkste relaties: zijn liefde voor Jezus als hij tot geloof komt, het land en het volk van Israël en zijn vrouw Dafna. Door een wonder krijgt Rick eerst een permanente verblijfsvergunning, dient in het Israëlische leger en vecht in de eerste Libanese oorlog, waarna hij Israëlisch staatsburgerschap ontvangt. Rick woont nu al meer dan 30 jaar in Israël.

Tijdens die eerste jaren in de kibboets wordt Rick's beeldhouwwerktaal geboren. Voor hem is beeldhouwen als het doorgeven van een gebed, luisteren naar Gods hart en er dan een driedimensionale vorm aan proberen te geven. Degenen die de *Fountain of Tears* bezoeken ervaren deze voorbede.

EEN *FOUNTAIN OF TEARS* IN BIRKENAU

In zuid Polen ligt het dorpje Oświęcim. Toen de Nazis Polen bezetten kreeg het de beruchte Duitse naam… Auschwitz. Vlakbij ligt Brzezinka, dat in het Duits 'Birkenau' werd genoemd. Hier bouwden de Nazis eind 1941 hun werkkamp, dat het grootste moordcentrum van het Naziregime zou worden.

Zo'n 600 meter buiten Auschwitz-Birkenau kocht de *Fountain of Tears* stichting een stuk grond waar Rick nu een replica bouwt van de *Fountain of Tears* in Arad, Israël. Het ligt dichtbij het oorspronkelijke selectiepunt van de gedeporteerde Joden. Deze zogenaamde *"Juden Rampe"* was tot het voorjaar van 1944 in gebruik. Daarna werden de gedeporteerden via een door de Nazis verlengde spoorverbinding rechtstreeks tot binnen de poorten van Birkenau gebracht. Hierdoor konden de honderdduizenden Hongaars-Joodse gedeporteerden nog effectiever vermoord worden.

Uiteraard mag er binnen 500 meter rondom het kamp niet gebouwd worden. De Birkenau *Fountain of Tears* ligt in een gebied dat voor huizen bestemd is.

Informatiecentrum met daar achter de expositie ruimte

Er zullen geen richtingaanwijzers komen en er zal niet worden geadverteerd. Het zal een plaats zijn om te reflecteren, te bidden en hen die rouwen te vertroosten. Een plek waar mensen nog steeds hun tranen in Birkenau kunnen vergieten.

Tijdslijn

2010 – De Heere God spreekt tot Rick om een *Fountain of Tears* in Birkenau te maken. Dat jaar wonen er 6 miljoen Joden in Israël.

2012 – De *Fountain of Tears Foundation* (stichting) doet de aankoop van de grond in Birkenau.

2013 - De architect heeft de bouwtekeningen klaar. Zomer: samen met vrijwilligers wordt begonnen met de voorbereidingen van de kruisigingspanelen in de kleine houten workshop op het terrein.

2014 - Najaar: de fundering wordt gelegd waarna het houten skelet van het gebouw wordt neergezet. Veel hulp van professionele vrijwilligers.

2015 – 27 januari: herdenking 70 jaar bevrijding Auschwitz. In mei wordt het dak geplaatst.

2016 – Het gebouw begint vastere vormen aan te nemen. Winter en zomer: Rick is druk bezig de bronzen onderdelen van de Holocaustfiguur aan elkaar te het lassen. Er komen al regelmatig Israëlische bezoekers langs om een kijkje te nemen, ook al is de expositie nog niet af. Bijna 80% van het project is nu klaar.

Foto boven: Tijdelijke voorkant van het gebouw op 27 januari 2015

Onder: de *Fountain of Tears* in Arad heeft warme zandkleuren. Voor de Birkenau *Fountain of Tears* wordt voornamelijk grijs gebruikt - de kleur van as .

Wilt u op de hoogte blijven met de ontwikkelingen van de *Fountain of Tears* in Birkenau, ga dan naar website: http://fot-foundation.org.

EEN VOORPROEFJE
VAN RICK WIENECKE'S
VERTAALDE LEVENSVERHAAL:
ZAAD IN DE WIND

HOOFDSTUK 1
"Dit is ons huis! Geen museum!"

"Pa, wat ben je aan het doen? Dit is belachelijk. Dit is een woonhuis, ons huis. Geen museum!"
Yohai, onze tienerzoon, klonk deze keer echt boos. Hij was laat opgestaan na een hele nacht met vrienden te hebben doorgebracht. Nog in zijn onder-

broek, stond hij opeens oog in oog met vier oudere Duitse dames die voor
het toilet op de begane grond in de rij stonden te wachten.

"Ik ga hier weg!" riep Yohai. "Pa! Jij hebt in onze tuin een 20 meter
lange muur met zeven kruisigingsscenes en zeven bronzen figuren die de
Holocaust voorstellen. Dougi [vriend van Yohai] en ik denken erover om een
appartement in Tel Aviv te huren. Als ik nog een keer een 'zwart jak-
ker' [ultraorthodoxe jood] voor ons huis zie, dan ben ik weg," dreigde hij.

"Was je aan het *blowen* [hasj roken] toen je dit idee kreeg?"

De dag was normaal begonnen en in de morgenuren werkte in mijn studio
aan een opdracht voor een bronzen beeld. Hoewel The Fountain of Tears
nog niet helemaal klaar was, ontvingen we al kleine groepen die kwamen
kijken naar de tentoonstelling in onze grote achtertuin. De Duitse groep van
ongeveer 35 personen die om drie uur 's middags waren gekomen was de
oorzaak van Yohai's uitbarsting. Alleen in de studio, staarden mijn zoon en
ik elkaar aan. Met een boze blik wachtte Yohai op mijn antwoord. Wat kon
ik tegen hem zeggen? Hoe was dit allemaal begonnen?

Nadat we in 2005 naar Arad waren verhuisd ging ik verder met het opbou-
wen van de Fountain in onze tuin. Eerst begonnen mensen in kleine kring
over dit project te spreken; toen begon men ons te bellen of ze het kunstwerk mochten bekijken.
Als gezin waren we bezig te leren leven met een groot kunstwerk dat steeds
meer bekendheid kreeg, iets dat iedere kunstenaar zou verwelkomen. De
levensgrote beelden die ik in de afgelopen jaren in opdracht had gemaakt,
hadden uiteindelijk de studio verlaten. Dat gaf mij een gevoel van afronding.
Maar de *Fountain,* mijn grootste kunststuk waar ik lange tijd mee gewor-
steld had om het te maken, bleef in onze tuin.
Maar meer dan dat, vanuit Joods oogpunt was de basis voor de Holocaust
gelegd doordat het christendom de Joden de schuld gaven voor de kruisiging van Jezus.

Hoe kon ik ooit zoiets creëren dat de relatie weerspiegelt tussen de Holocaust en de kruisiging? Vroeg ik me af. Dit is gekkenwerk! Yohai heeft misschien wel gelijk. Wat dacht ik wel? Door te roepen: "Dit is Israël, weet je
niet waar je woont?" bedoelde Yohai meer dan alleen een geografische een-
heid. Hij had gelijk, Israël is meer dan een concept - het is ook een volk.

"O, dat mijn hoofd water ware, en mijn ogen een fontein van tra-
nen, zo zou ik dag en nacht bewenen de vermoorden van de doch-
ter van mijn volk." Jeremia 9:1

Deze woorden waren een onderdeel geweest van het op gang komen van de *Fountain of Tears*. **Mijn** volk. Mijn **volk**. Deze woorden raakten me zo diep. Zoveel geschiedenis was verbonden met de tranen van Jeremia. De tranen die ik had vergoten werden herkenningspunten, mijlpalen op de reis die ertoe leidde dat ik, de niet-Jood, verbonden werd met dit volk: Israël. Zou ik durven zeggen, of misschien fluisteren: "**Mijn volk**"?

Wat Yohai bedoelde was: "Heb je niet in de gaten waar je woont?
Dit is Israël! Wat jij in je tuin hebt is zeer omstreden." Hij was bang dat de ultraorthodoxe, religieuze Joden een voortdurende protestdemonstratie voor ons huis zouden gaan houden.

"Ik begrijp je volkomen en ik ben het helemaal met je eens," zei ik tegen mijn zoon. "Je hebt er geen idee van hoeveel. Maar Yohai, ik moest dit maken. Ik moest het gewoon doen."
Het feit dat ik zijn frustratie begreep loste het probleem niet op, maar we konden er in ieder geval over praten.

"Als jij voelt dat je het huis uit moet, zal het waarschijnlijk een leerzame ervaring worden," ging ik verder. "Weet dat je altijd terug naar huis kunt komen. Maar," waarschuwde ik hem, "wat ik gedaan heb met de *Fountain* kan ik niet ongedaan maken."

Terwijl hij zich omdraaide om de studio te verlaten, realiseerde ik me opeens dat hij ongeveer net zo oud was als toen ik het ouderlijk huis verliet. En hoewel hij jonger was in jaren, was hij veel volwassener dan ik toen was. In de driejarige diensttijd worden Israëlische tieners snel volwassen. Het moment dat mijn zoon het Israëlische leger inging werd hij volwassen.

Alleen in mijn studio dacht ik na over onze verhitte discussie. De *Fountain* had in het verleden nogal wat dilemma's opgeleverd en ik wist dat er meer zouden volgen. Zou één daarvan de oorzaak zijn dat hij zijn spullen zou pakken en weggaan? Tranen sprongen in mijn ogen. Was dit het wel waard? Waarvoor? Begreep ik werkelijk waar ik met dit werk, de *Fountain of Tears,* mee bezig was? Wat is die innerlijke ontroering? Ben ik kunstzinnig geïnspireerd? Wat betekent het echt: weerspiegeling in lijden, een broederschap? Hebben deze twee personages van de Holocaust en de Kruisiging van Jezus door de geschiedenis heen niet altijd tegenover elkaar gestaan? Wie was ik om te proberen deze twee met elkaar te verbinden?

"Mijn volk", dacht ik weer. "Waarom voel ik me zo verbonden met hen? En dit land, Israël, waar velen zich verbazen over het feit dat ik Israëlische staatsburger ben."

Mijn gedachten gingen terug naar het moment tijd dat ik het ouderlijk huis in Ontario, Canada verliet. Ik was negentien jaar toen ik op weg ging naar Vancouver. Op zoek naar nieuwe en nog onbekende avonturen.

****

Zaad in de wind is het verhaal van Rick Wienecke's reis door het lijden van het Joodse volk tijdens de Holocaust en de kruisiging van Jezus. In het midden van de zeventiger jaren van de vorige eeuw leidt Ricks levensstijl hem tot een punt van wanhoop waarop hij naar God begint te zoeken. Rick raakt gefascineerd met de geboorte van Israël als natie, en dat slechts drie jaar na de Holocaust. Hij vraagt zich af hoe het Joodse volk niet alleen de Holocaust maar ook de Onafhankelijkheidsoorlog kon overleven. Zijn conclusie is dat God iets met die Joden en dat land te maken moet hebben. Rick voelt zich sterk tot Israël aangetrokken en besluit om voor zes maanden op een kibboets te gaan werken. De Heer verbindt hem met het Joodse volk, het land Israël en Jezus, de Joodse Messias.

Ricks door God gegeven beeldhouwtaal groeit en ontwikkelt zich naast deze andere relaties. Na hun huwelijk leren Rick en Dafna uit geloof te leven en zijn uiteindelijk gehoorzaam aan de 'Hemelse opdracht' om de *Fountain of Tears* te creëren. Deze lijdensdialoog tussen de Holocaust en de Kruisiging bevindt zich in Arad en zal binnenkort ook in Auschwitz-Birkenau te bezoeken zijn.

Zaad in de wind is het verhaal van hoe God een getalenteerde artiest gebruikt om de boodschap van Zijn Vaderhart voor Zijn volk te delen.

www.ingramcontent.com/pod-product-compliance
Lightning Source LLC
Chambersburg PA
CBHW071231130726
47998CB00002B/914